AF338915

RÉFLEXIONS

D'UN SIMPLE PARTICULIER

SUR

L'ASSEMBLÉE NATIONALE

LA FRANCE

LA MONARCHIE & LA RÉPUBLIQUE

PAR

Charles LEFRANC

Extraits du GLANEUR DE SAINT-QUENTIN, des 4, 9 et 16 Avril 1871

SAINT-QUENTIN

IMPRIMERIE HOURDEQUIN, GRAND'PLACE, 36

1871

RÉFLEXIONS

D'UN SIMPLE PARTICULIER

SUR

L'ASSEMBLÉE NATIONALE

LA FRANCE

LA MONARCHIE & LA RÉPUBLIQUE

PREMIER ARTICLE.

En étudiant avec une attention scrupuleuse les comptes-rendus des séances de l'Assemblée nationale, on reste convaincu par cette vérité que l'immense majorité des députés actuels sont impolitiques, incapables et impopulaires; que l'Assemblée est trop divisée, trop imbue de ces deux funestes pensées: la restauration monarchique ou le rétablissement de l'empire des Bonaparte, pour que la France puisse espérer plus longtemps voir surgir son salut des délibérations orageuses sans fond, sans intérêt comme sans portée, qui se succèdent à Versailles.

En effet, le suffrage universel, souvent capricieux et toujours brouillon, a envoyé siéger sur les bancs de la Représentation nationale une étrange variété d'individus et de sentiments.

Parmi ces heureux élus il en est qui, trop vieux pour pouvoir penser ou discuter encore, sortis de la retraite où les retenaient les remords et les rhumatismes, se cramponnent à leurs bancs mûs par l'espoir de redevenir quelque chose; d'élargir le bout de ruban qui pare leur boutonnière; de donner un roi aux épanchements de leurs dernières années, et de faire oublier leurs anciennes fautes en en commettant

1871

de nouvelles ; furieux et jaloux de l'éternel talent de M. Thiers, eux qui reviennent à l'enfance et à l'*a b c*.

Ensuite il y a les ignorants innés, dont la principale occupation consiste à pousser des exclamations démesurément harmonieuses ; les interrupteurs acharnés ; les paisibles qui s'endorment à la première période d'un discours pour ne se réveiller qu'au bruit des applaudissements auxquels ils mêlent les leurs sans savoir qui et quoi l'on applaudit ; les honnêtes qui s'inclinent devant tous les pouvoirs pourvu qu'ils ramassent quelques bribes d'honneurs ou quelques billets de banque ; les timides qui ne savent à quel système accorder leur préférence parce qu'ils ne peuvent prévoir de quel côté tournera le vent de la faveur ; les zélés, adulateurs de tous les systèmes, dont les opinions et les discours varient selon chaque saison ; les sacrés (les bonapartistes), ceux-là doivent être réellement fidèles, car ils nous ont coûté assez cher en argent et en désastres ; enfin les novices, les apprentis ambitieux qui ne disent ni ne pensent, attendant leur tour, ramassant avec un égal empressement et une même grâce exquise le cure-dent du philippiste, le binocle du bonapartiste ou la tabatière de l'henriquinquiste.

Voilà, traits pour traits, de quelles gens se compose l'Assemblée nationale, abstraction faite, bien entendu, des républicains qui malheureusement se comptent trop facilement, bien que formant l'élite, l'âme de ce grand corps, l'esprit de ce néant, le soleil de cette nuit.

Voilà pourquoi Paris et la France craignent, avec beaucoup de raison, qu'on ne leur escamote encore une fois la République, cette grande idée, ce besoin essentiel du siècle où nous sommes, ce rien qui dit tout à la fois : liberté, égalité, fraternité, concorde, prospérité, bonheur, justice, instruction pour tous, respect, solidarité, religion dans ce qu'elle a de plus admirable, de plus ineffable, Dieu compris et adoré autrement qu'il ne l'a été jusqu'ici, c'est-à-dire le Dieu simple, divin fondateur de la démocratie sur cette terre, la religion dépouillée des artifices dont les hommes l'ont affublée, s'offrant à tous et appelant à elle toutes les consciences avec une égale effusion.

Voilà pourquoi Garibaldi, le héros incomparable de l'idée républicaine, le champion de la démocratie européenne, le grand capitaine dont le cœur a battu d'enthousiasme à l'appel de la France, libre mais malheureuse, n'a pu se faire entendre à la tribune française.

Voilà pourquoi Victor Hugo, le plus vaste génie, l'une des gloires les plus pures, l'un des plus illustres orateurs de ce siècle, a été insulté et s'est vu obligé de résigner son mandat, après dix-huit ans de proscription, de combats incessants, de nuits et de jours consacrés à assurer le triomphe de la République.

Voilà pourquoi Edgar Quinet, Félix Pyat, Louis Blanc, Vacherot, Schœlcher, Henri Martin, Arago, etc., etc., ne demandent plus la parole et ne font plus tressaillir toutes les poitrines à l'écho de leurs mâles et nobles discours.

Et qu'on ne se méprenne pas, surtout, sur le sens que nous donnons aux lignes qui précèdent.

Nous sommes loin d'approuver la conduite des membres du Comité central qui a institué la Commune, qui a organisé l'émeute, qui a toléré, sans songer à aucune répression contre les coupables, le lâche assassinat des généraux Clément Thomas, Lecomte, et l'immolation d'autres innocentes victimes ; nous protestons de toutes nos forces contre cette usurpation de pouvoirs, à la face d'une Assemblée représentative librement élue ; contre les franchises décrétées, contre le défi et les insultes jetés aux véritables màndataires de la nation; oui, nous nous élevons contre tout cela, et nous ne trouvons pas de mots assez pleins d'indignation pour exprimer notre sentiment à cet égard.

Mais nous nous faisons un devoir de reconnaître que la plus grosse part de fautes, de maladresses et d'inconséquences incombe à l'Assemblée, qui aurait dû prévoir, prêcher d'exemple, concilier au lieu d'envenimer, guérir le mal au lieu de le propager. Pour calmer tout, pour rendre la vie au commerce, la sérénité aux esprits, l'ordre à la rue, le pain aux travailleurs, il ne fallait qu'une toute petite chose :

La reconnaissance, l'affirmation de la République une et indivisible par tous les membres de l'Assemblée. Tel était le vœu de la France.

Mais les innombrables députés bariolés, perroquets soudoyés de tous les partis, ont vu là un abîme infranchissable, et comme le moment solennel de prononcer leur *in manus*.

Ils ont été hostiles à la belle proposition faite par un membre de la gauche, d'ajouter à la proclamation du Gouvernement ces trois mots indispensables dans l'ordre des choses actuel : Vive la République !

Ils ont été impudemment hostiles à la pensée juste et sensée qu'avait formulée M. Thiers de réinstaller l'Assemblée à Paris, plutôt que de l'introniser à Versailles, pensée qui, si elle se fût réalisée, eût donné satisfaction aux susceptibilités de la population parisienne, maintenu l'autorité morale de la Représentation nationale et du gouvernement issus du scrutin du 8 février, empêché les meneurs, les parasites de toutes les dynasties en ébullition d'organiser l'émeute, d'assassiner, de déshonorer la France sous les yeux des Prussiens.

Ils ont été hostiles encore, leur morne silence l'a prouvé, à la déclaration qu'a faite le Gouvernement de ne pas trahir la République et de n'avoir recours à la prestidigitation, dans n'importe quel cas, dans le but de la faire disparaître.

Honte et malédiction à jamais sur les promoteurs des sanglantes journées qui ont affligé Paris et la France entière ; mais aussi honte et malédiction à jamais sur ces élus du peuple qui, mettant leurs vues personnelles, leurs intérêts, leurs ambitions au-dessus des exigences de la situation, des aspirations et des malheurs de la patrie, ont contribué à jeter de nouveau la France dans une période de deuil et de larmes dont, nous l'espérons fermement, le terme est prochain, si le Gouvernement s'empresse d'affirmer catégoriquement, en face du pays, le principe républicain, et à force de logique, d'éloquence, de sincérité et de persuasion, entraîne à sa suite une imposante majorité. La situation peut changer bien vite, mais il faut agir.

————

2e ARTICLE.

Il est difficile d'écrire de sang-froid sous le coup des terribles événements dont notre pauvre France est le théâtre. Après la plus funeste, la plus injuste des guerres que l'histoire ait eu à enregistrer, la guerre civile a déchaîné sur nous toutes ses fureurs. Les soldats de Versailles et les bataillons de la Commune se sont abordés avec un acharnement inouï. Les plaines qui naguère frémissaient au bruit des effroyables détonations des canons Krupp, placés là pour bombarder et terroriser Paris, ces plaines ont vu leurs sillons arrosés de sang français. Des milliers de nos frères ont péri dans cette immense hécatombe devant laquelle pâlissent les souvenirs des journées, si sanglantes pourtant, de nos révolutions antérieures.

Les phalanges de Versailles, guidées par des chefs royalistes ou bonapartistes, ont donné le signal de l'attaque. Les gardes nationaux de Paris que l'ineptie et la félonie de Trochu, Ducrot, Vinoy et consorts, n'ont pu conduire à la victoire, se sont battus avec un héroïsme inénarrable. Il est désolant de voir ces généraux, qui n'ont rien su faire devant l'ennemi, s'enorgueillir des tristes exploits de leur vaillance tardive et écrire des bulletins où la saine raison fait place à une folle gaieté; exemple cette phrase adressée par le sieur Espivant au Gouvernement: « J'ai fait mon entrée triomphale à Marseille et j'y ai été beaucoup acclamé, » et cette autre : « les délégués du comité révolutionnaire ont quitté individuellement la ville dès hier matin,» comme si l'on pouvait quitter un endroit sans en emporter son individu.

Quel sera le résultat de ces combats fratricides qui vont mettre le comble à nos ruines, à nos malheurs, à notre mutilation et à notre désorganisation ?

Tous les partis sont en présence, tous jettent à pleines mains l'or qui répand le deuil, le carnage et la mort. Pour qui sera le triomphe ? Nul ne saurait le dire, mais nous avons l'intime confiance qu'il appartiendra au parti républicain qui, fort de ses principes sacrés, n'a pas besoin de semer l'or et la discorde pour se faire des adeptes.

Dans un premier article, nous avons démontré que l'Assemblée avait manqué à des devoirs primordiaux en n'acclamant pas unanimement la République, en affectant même de professer pour elle un injuste dédain, et aussi en refusant de céder aux conseils de la prudence qui lui assignait Paris comme siége désormais unique et indispensable de ses délibérations.

Est-ce là tout le bilan des fautes qu'elle a commises ?

Non, malheureusement, et nous allons compléter l'énumération des malversations , des tâtonnements et des actes anti-républicains qui ont attiré sur la Représentation nationale le mécontentement de la généralité des citoyens, et partant entretenu dans tous les esprits une appréhension, justement motivée, de ses décisions futures.

Après avoir ratifié les conditions de paix qui nous furent imposées par la Prusse, victorieuse jusqu'au bout, grâce aux lâchetés des généraux de l'Empire et aux palinodies de Trochu, un des premiers soins de l'Assemblée était de s'occuper sans délai, c'est-à-dire de nommer une commission chargée de rechercher les moyens qui eussent permis de verser immédiatement la première part de la contribution de guerre exigée par les vainqueurs avant l'évacuation de notre territoire. On avait bien, en quelques jours, consenti à la cession de l'Alsace et la Lorraine, véritable berceau du patriotisme français!... On sut bien , malgré les nobles supplications de M. Keller et de ses collègues, voter l'éloignement, la séparation, l'abandon de sept cent mille frères loyaux et héroïques qui ont, depuis le début jusqu'au terme de cette horrible guerre, versé leur sang, donné leurs cœurs et leurs pensées à cette patrie qu'ils n'oublieront jamais, la France !... Oui, nous le savons, et ici nous prévenons la moindre objection, il fallut céder aux exigences du plus fort, il fallut s'incliner devant les nécessités douloureuses de la situation, devant l'impossibilité de vaincre. Mais la question pécuniaire, qu'était-elle en présence de cet immense sacrifice d'âmes, de courages et d'intelligences ?

Cinq milliards, c'est énorme, nous l'avouons volontiers ; mais la somme réclamée comme premier appoint et qui devait nous débarrasser de nos ennemis, ne pouvait-on la trouver ?

Hélas ! dans cet aréopage composé de sept cent cinquante membres, dans cette Assemblée qui renferme tant de ducs, de marquis, tant de nobles de haut et bas étage, dans cette sphère où il est de tradition de répéter à tout propos : « noblesse oblige, » pas une voix ne s'est élevée pour dire à cette noblesse sénile et éhontée :

« Nous sommes ici sept cent cinquante représentants du peuple ; il est parmi nous des hommes qui ne vivent que du produit de leur travail ou de leur intelligence ; ceux-là, il est facile de les compter ; mais en présence des profondes blessures qui meurtrissent le cœur de notre chère patrie ; en présence des charges supportées par le commerce et l'industrie ; en face aussi des souffrances endurées avec tant de patriotisme par les classes nécessiteuses, nous faisons à toutes les fortunes un pressant appel et proposons à tous les députés l'abandon total de la somme allouée à chacun de nous par le Trésor, pendant la durée de cette session. Vive la France ! vive la République ! »

Un appel semblable eût attendri les natures les plus endurcies, et les deux milliards eussent été réalisés en moins de temps qu'il n'en a fallu à l'Assemblée pour tomber de faute en faute, d'erreur en erreur, et nous plonger dans un imbroglio désormais indéchiffrable.

Deux autres questions capitales s'offraient impérieusement aux réflexions de l'Assemblée nationale : l'élaboration, l'examen et le vote d'une bonne loi électorale ; puis l'adoption d'une mesure sage et équitable à l'endroit des échéances et des loyers. Au lieu de donner cours à ces discussions sérieuses, dont la solution eût établi un salutaire atermoiement entre les créanciers et les débiteurs, entre les propriétaires et les locataires ; au lieu de donner à tous les intérêts compromis la satisfaction réclamée par l'opinion publique ; satisfaction qui eût d'un seul coup calmé les inquiétudes du plus grand nombre ; rasséréné l'horizon, donné à toutes les villes, à toutes les campagnes la jouissance, l'exercice durable des libertés communales ; empêché la guerre civile de s'allumer ; la Commune de s'ériger à Paris et de commettre des actes, des crimes, des déprédations qui seront la honte éternelle de ses organisateurs ; au lieu de faire cela, l'Assemblée accordait niaisement son temps et son attention à des invocations plus ou moins sincères adressées à la Providence, ou à la rédaction d'affiches patriotiques dont suit un échantillon : « Cathédrale de Versailles. — A l'armée. — A dater d'aujourd'hui, il y aura tous les soirs conférence pour les militaires. » L'affiche, aussi laconique que spirituelle, ne va pas jusqu'à dire si ces conférences ont pour but principal de révéler aux troupiers, dans ses moindres détails, le fameux plan Trochu, *que le temps n'a point permis d'exécuter*, ou s'il s'agit de prodiguer des prières afin d'obtenir la réhabilitation des Frossard, Bazaine, Canrobert, de Failly, etc., etc., y compris le très-regretté Bonaparte, le *magnanime* empereur.

Donc, à notre point de vue, l'Assemblée nationale est, dans une grande proportion, responsable du désordre, des ravages, du sang versé.

Quand on est l'émanation de la volonté populaire, la grande voix qui parle au nom d'une nation blessée, volée et trahie, d'une nation qui ne veut pas mourir, mais cherche son salut dans l'indépendance et la liberté, on est des hommes, non des enfants ; on assure à ce peuple des destinées conformes à ses désirs ; on songe au présent et à l'avenir non au passé. La France, instruite et désillusionnée par tous les gouvernements monarchiques et autoritaires, veut la République ; elle la veut grande, digne d'elle, aimée et honorée par toutes les puissances de l'Europe. Si vous ne pouvez être les ouvriers de cet ouvrage admirable, députés nommés par la République, si vous ne vous sentez pas le courage d'asseoir définitivement, sur des bases inébranlables, ce magnifique édifice social, retirez-vous, donnez votre démission, cela n'est pas bien difficile ; que la plupart des ministres vous suivent dans la retraite qui les réclamait après la capitulation de Paris, et tout sera dit. La guerre civile s'éteindra, la conciliation se fera jour à travers la poudre et le sang, et le suffrage universel, qui n'a guère eu le temps de faire un choix, nommera cette fois une bonne Constituante dont le premier soin sera de proclamer à la face du monde attentif, les saintes doctrines du Républicanisme, sans lesquelles nous ne voyons dans l'avenir que désastres et abaissement pour notre malheureux pays.

Élus du peuple souverain, il faut que vous vous prononciez au plus tôt, nous vous en supplions, sur ce que vous voulez faire. Ayez enfin le courage d'avouer vos préférences, mais faites-le de suite, chaque minute qui s'écoule nous coûte des cadavres.

TROISIÈME ARTICLE.

Il nous reste maintenant à examiner, à disséquer, pour ainsi dire, les différents prétendants qui se disputent la préférence de nos représentants.

A tout seigneur tout honneur. Donc procédons par ordre.

Voici poindre Henri V. C'est un prince qui n'a pas encore tué ni volé, par la raison toute simple qu'il n'a pas encore régné. Peu de personnes le connaissent. Depuis tantôt quarante ans il soupire à l'étranger, entouré de gens dont les aspirations sont entièrement contraires à celles de la France d'aujourd'hui. D'ailleurs, certains biographes d'une impartialité notoire affirment que c'est un homme d'une intelligence restreinte, d'un caractère incompréhensible, élevé dans une dévotion démesurée, ne sachant pas le premier mot de nos mœurs et de nos habitudes. S'il arrivait au trône, ce serait un polichinelle dans les mains des prêtres et de la noblesse, et l'on verrait bientôt revivre les abus et les turpitudes qu'on appelait jadis les redevances, les dîmes, les tailles, qui écrasaient et ruinaient le peuple pour emplir les poches de ces messieurs.

La France veut-elle le retour au pouvoir de pareilles gens et de semblables institutions? Assurément non. Le peuple qui a fait *quatre-vingt-neuf* sait parfaitement que les nobles et les prêtres abhorrent cette grande révolution, parce qu'elle a fait de l'ouvrier, du laboureur l'égal du jésuite et du noble, en lui donnant accès à tous les emplois; parce qu'elle a proclamé que tous les hommes sont égaux devant la loi; qu'un artisan laborieux vaut autant, vaut mieux même qu'un noble fainéant et nuisible; que la véritable religion ne réside point dans les grimaces, dans les apparences, mais dans l'austérité, la droiture des consciences, la satisfaction du devoir accompli.

Oui, le peuple sait cela, car le peuple s'est instruit, au grand mécontentement du clergé et de la noblesse qui n'ont jamais eu pour lui que haine et mépris; c'est pourquoi la France déteste Henri V et ses partisans, peu nombreux du reste, bien décidée qu'elle est à faire disparaître de nos mœurs les priviléges, quels qu'ils soient, l'insolente domesticité des châteaux, les crimes et les mystères des couvents.

Noblesse et clergé, vous avez le champ libre. Travaillez, conspirez, tramez sournoisement toutes les intrigues que peut vous suggérer votre imagination satanique; vos efforts, vos conspirations, vos intrigues seront stériles contre l'intelligence du peuple qui veut, pour remplacer vos hypocrisies et vos mensonges séculaires : la liberté, l'égalité, la fraternité ?

Viennent ensuite les enfants du ci-devant roi Louis-Philippe.

C'est une honnête famille. Un seul de ses membres, le duc de Montpensier, dut subir un jugement pour avoir provoqué et tué son cousin dans un duel encore présent à toutes les mémoires.

Le grand-père de ces aspirants, Philippe-Egalité, était un homme vil et ambitieux, — ces deux qualités sont inséparables; — il vota la mort de Louis XVI, son cousin, pour se mettre en bonne odeur auprès des révolutionnaires, et trouver, à force d'agissements, la possibilité de le supplanter. Mais Dieu, toujours juste, à l'inverse des hommes, ne permit pas que de tels projets se réalisassent; la conduite cruelle et lâche de Philippe-Egalité se révéla, ses rêves se dissipèrent bientôt après, car sa tête tomba sur l'échafaud avec les menées et la trahison qu'elle avait nourries.

Louis-Philippe Ier n'a pas fait verser de sang, cela est positif, mais il a néanmoins conspiré contre ses parents, Louis XVIII et Charles X, tant et si bien qu'il parvint à s'asseoir à leur place en 1830.

Comme roi, que fit-il? Travailla-t-il au bonheur, au progrès, à la prospérité, à la grandeur de la France? Non, ce fut là le moindre de ses soucis. Et pourtant, doué d'un esprit large, d'un vaste sens politique, d'une sagacité profonde, il pouvait faire beaucoup pour le bien du pays, mais en réalité ne s'occupa que d'assurer son bien-être personnel et celui de sa nombreuse famille. Sachant bien que la France se fatigue vite des dynasties, il amassa vite une fortune colossale, fit largement doter ses enfants, laissant constamment insulter et abaisser la France par l'Angleterre.

Devenu petit à petit familier avec le despotisme, il tenta d'enlever au peuple les libertés qu'il lui avait généreusement accordées en 1830, alors qu'il était honnête, bon et libéral, alors que le venin de l'orgueil royal n'avait point encore ulcéré son cœur; mais le peuple, blessé par son ingratitude, se souleva et lui fit prendre la fuite en 1848.

Le retour de cette famille, qui aime les grandeurs et l'argent, nous coûterait très-cher; de plus, les princes prétendants, le duc d'Aumale, le comte de Paris, le prince de Joinville, convoitent depuis trop longtemps les éclats du trône et les richesses de la liste civile pour qu'il soit logique d'espérer avec eux un gouvernement sage et économe, ce qu'il nous faut maintenant.

Voici venir Napoléon père ou fils, au choix de la bonne nation qu'ils ont si traîtreusement vendue.

Deuils sans nombre !... Ruines infinies !...

Nous avons eu deux Bonaparte, l'oncle et le neveu, qui nous ont valu les trois plus tristes pages de notre histoire : les invasions de 1814, 1815 et 1870. Si la France désire remettre ses destinées aux mains de Napoléon IV, la quatrième invasion ne se fera pas longtemps attendre, car cette famille possède au plus haut degré l'art de déterminer les invasions.

Mais non, le règne des Napoléon est fini. Le destin, dans sa cruelle ironie, a parlé à la face des nations. Les Bonaparte seront désormais considérés comme des fléaux du genre humain, cent fois plus à craindre que le typhus et le choléra. Après avoir volé le pouvoir et assassiné le peuple au 2 décembre, après avoir fait arrêter 150,000 personnes et conduit 50,000 malheureux dans l'exil, Bonaparte se donna le titre de Sauveur de la société. Puis il courba la France sous le joug du plus honteux despotisme, s'enrichissant avec ses maréchaux et ses ministres; augmentant nos dépenses et nos dettes; pillant nos revenus; volant en tout et sur tout; mettant 500 ou quelquefois 1,000 hommes de moins par régiment; amenant le scandale à sa cour et la ruine, la misère et la prostitution dans les classes pauvres; volant encore la soi-disant caisse d'exonération, les caisses d'épargne, les sociétés ouvrières; achetant des biens immenses à l'étranger; faisant acquitter, par ses magistrats grassement récompensés, l'assassin de Victor Noir; déclarant étourdiment la guerre à la Prusse, pour assurer l'impunité de ses nombreux détournements; livrant la France et ses armées à l'étranger, sans avoir même le courage de mourir sous le poids de ses fautes et de ses crimes; tel est l'homme, tel est le monstre qu'un certain nombre d'insensés voudraient voir reprendre les rênes du gouvernement de la France meurtrie et expirante.

Non, non, cela ne sera pas ! Napoléon III fut assassin, parjure, voleur, traître et lâche. Une seule chose l'attend, sombre et terrible : le châtiment. Celui qui ne s'appellera pas plus Napoléon IV que le duc de Reischtadt ne s'est appelé Napoléon II, a-t-il ou non copié les exemples du père, cela nous est indifférent. Le plus sûr moyen de ne plus être trompés, c'est de ne plus jamais nous exposer à l'être, et c'est ce que tous les bons citoyens font avec un tel ensemble qu'on ne peut s'empêcher de dire :

Les bonapartistes agonisent... les Bonaparte sont morts !...

Une seule forme de gouvernement s'impose donc à notre choix :

La République !...

Les peuples qui sont les plus libres, les plus sages, les plus heureux, les plus paisibles et les plus respectés du monde entier, ont ce gouvernement là; nous nous bornerons à citer les Etats-Unis en Amérique, la Suisse en Europe. Avec ce régime, une nation est assurée de faire beaucoup de bonnes et justes économies, car il n'y a pas d'autre souverain que le peuple, qui paie au lieu de se faire payer; pas de cour, d'êtres inutiles, de faste ni de clinquant; un président rétribué de façon à ce qu'il tienne honorablement son rang; des ministres rémunérés convenablement, mais non irraisonnablement; des préfets à qui on assurera une existence paisible, non exagérée; et ainsi de suite, dans la même proportion, pour tous les rouages de la machine gouvernementale. Avec cette forme de gouvernement, qui est le gouvernement de tout le monde par l'entremise des représentants nommés par le peuple, la prodigalité des revenus publics est impossible, les représentants contrôlent tout, et comme ils sont responsables devant le peuple seul de la manière dont ils accomplissent leur mandat, comme parmi ces représentants il y en a une partie sortie des rangs du peuple même, ils ont tout intérêt à bien remplir leurs fonctions, car ils ont des concurrents sans cesse prêts à faire remarquer leurs fautes aux électeurs.

Donc, avec ce gouvernement, nous aurons : surveillance continuelle exercée sur les actes et les discours des représentants du peuple; économies dans nos finances; liberté dans nos écrits et nos paroles; égalité, dans la véritable signification du mot, devant la justice et devant la loi;

instruction gratuite et obligatoire; impôt propor-
tionnel; extinction des guerres civiles, sécurité
des affaires, etc., etc.

Il y a une autre chose qui devient impossible
sous un gouvernement républicain, sans l'assen-
timent du peuple, c'est la guerre que se font les
rois pour un caprice, pour une rancune person-
nelle. Les peuples ne veulent qu'une chose: vivre
tranquilles et accroître leur bien-être et leur prospérité par le progrès de l'industrie.

C'est pour cela que tous les partis: noblesse,
clergé, bourgeoisie, bonapartistes sans pu-
deur, doivent s'incliner devant la République
qui, loin de se faire escorter par la violence, le
crime, la tromperie, inscrit sur son front rayon-
nant ces trois mots: ordre, paix, liberté!

Vive la République!

Ch. LEFRANC.